Von Werner Hüper sind außerdem erschienen:

Die junge Frau mit Körbchen C ….
…und die ganze Welt in Versen
ISBN: 9783734752872
*

Golf – Terrassengespräche
Berichte vom 19. Loch
ISBN: 9783734761454
*

Falsche Freunde
Kriminalroman
ISBN: 9783738616743
*

Vom Kreißsaal bis zum Alterssitz
Ein Leben in Versen
ISBN: 9783738646801
*

Kiez und Küste
Kriminalroman
ISBN: 9783739246635
*

Heißer Sex und Tiefkühlkost
Kriminalroman
ISBN: 9783744869317
*

Die Welt der Tiere
Humorvolle und besinnliche Verse über Tiere
ISBN: 9783752860818
*

Werner Hüper

Für die

Zukunft

ist es bald zu spät!

**Hat die Jugend eine Chance,
wenn die Politik versagt?**

Impressum:

Bibliografische Information der Deutschen

Nationalbibliothek:

Die Deutsche Nationalbibliothek verzeichnet diese Publikation in der Deutschen Nationalbibliografie; detaillierte bibliografische Daten sind im Internet über www.dnb.de abrufbar.

© 2019 Werner Hüper

Herstellung und Verlag: BoD – Books on Demand, Norderstedt

ISBN: 9783749455362

Vorwort

Die meisten Politiker, die sich heute in verantwortlicher Position mit den Themen Klimawandel und Umwelt befassen, entscheiden über eine Zukunft, die sie selbst gar nicht mehr erleben werden. So ist auch zu erklären, dass bei vielen dieser „Mandatsträger" mehr die eigene Zukunft im Blick ist, als die der heutigen Jugend. Da ist es für sie allemal hilfreich, Positionen zu vertreten, die ihnen von einflussreichen Lobbyisten im Auftrag der Wirtschaft eingeflüstert werden. Als Gegenleistung werden nicht selten gut dotierte Jobs für die Zeit nach der Politkarriere bereitgehalten. Das heißt im Umkehrschluss, dass der in Deutschland inzwischen ausufernde Lobbyismus eine der Ursachen für die Behinderung einer effizienten Klima- und Umweltpolitik ist.

Dringend notwendige Entscheidungen, bei denen jedwede Verzögerung fatale Folgen für die Umwelt haben wird, werden mit dem immer wiederkehrenden Hinweis auf die Gefahr für das Wirtschaftswachstum und die angeblich bedrohten Arbeitsplätze verweigert oder verschoben. Als Beispiel seien hier nur der erst für 2038 vorgesehene Ausstieg aus dem Braunkohleabbau oder auch die fragwürdige Zulassung von Glyphosat erwähnt.

Deutschland tut sich auch dann besonders hervor, wenn es darum geht, die von der EU vorgesehene Senkung der Abgasgrenzwerte zu verweigern bzw. im Interesse der deutschen Autoindustrie „erträglicher" zu gestalten. Wenn die Politik die wissenschaftlich belegbaren Fakten weiterhin so fahrlässig ignoriert wie bisher, werden unsere Enkel nicht mehr über fehlende Arbeitsplätze diskutieren, sondern der heutigen Politik einen weitgehend unbewohnbaren Planeten zu verdanken haben.

Vor diesem Hintergrund ist die Initiative der Schwedin **Greta Thunberg** sehr zu loben und zu unterstützen. Ihr ist es schließlich gelungen, zusammen mit vielen Jugendlichen in aller Welt die ignorante und zukunftsfeindliche Politik der etablierten Regierungen anzuprangern. **„Fridays for Future"** scheint einigen Politikern, jedenfalls in Deutschland, höchstes Unbehagen zu bereiten. Nur so sind die teilweise überheblichen und unsachlichen Kommentare einiger „Volksvertreter" zu erklären, die offensichtlich nicht einmal ansatzweise begriffen haben, um was es den Jugendlichen eigentlich geht.

Gretas Engagement hat mich so sehr überzeugt, dass ich mich entschlossen habe, meine Gedichte, die sich mit der Politik und deren leichtfertigem Umgang mit der Zukunft befassen, in einem Buch zu veröffentlichen.

Die Gedichte in diesem Buch habe ich in loser Reihenfolge seit 2014 geschrieben. Immer wieder war die Politik Anlass für mich, zu den Themen Zukunft, Umwelt und Klima meine Gedanken in Versform zu dokumentieren. Den Auftakt gab die Klimakonferenz 2014 in Lima.

Um dem Leser zu ermöglichen, die in den folgenden Beiträgen beschriebenen Vorgänge und Eindrücke zeitlich richtig einordnen zu können, habe ich sie mit dem Datum der Entstehung versehen.

Werner Hüper

Inhalt: **Seite**

Inhalt: **Seite**

***

Mond und Sterne

In einer schönen Sommernacht
der Mond im Kreis der Sterne lacht.
Er schaut sich unsre Erde an
und sieht, was er nicht glauben kann.

Neben ihm die Sterne leuchten,
was sie eigentlich nicht bräuchten.
Auch im Dunkeln ist zu sehen,
was die Menschheit lässt geschehen.

Die Umwelt wird sehr strapaziert,
die Erde immer mehr verliert.
Regenwald, Eis an den Polen,
ständig wird ihr mehr gestohlen.

Nicht nur der Mond runzelt die Stirn,
sind denn die Menschen ohne Hirn?
Fliegen zu ihm mit Raketen,
nur um ihn mal zu betreten.

Sie stellten fest, dass es nicht lohnt,
weil man auf Erden besser wohnt.
Lasst die Erde überleben,
danach sollten alle streben.

2014

***

Politik und Wirtschaft

Vor jeder Wahl die Bürger denken,
wer wird das Land am besten lenken?
Was Politiker versprechen,
werden sie doch sicher brechen.

Mancher kann sie schon nicht leiden,
weil sie selbst gar nicht entscheiden.
Denn hinter den Regierungsbänken
die Wirtschaftsbosse für sie denken.

In jedem Ministerium
sitzen Lobbyisten rum.
Gesetze werden formuliert,
damit die Wirtschaft funktioniert.

So wie bei neuer Energie,
die Konzerne zahlen nie.
Es ist nur der kleine Mann,
der dafür wieder blechen kann.

Oder nehmen wir die Banken,
die an Euromangel kranken.
Die Bosse haben es verbockt,
trotzdem die Tantieme lockt.

Die Politik sagt Hilfe zu,
Milliarden fließen jetzt im Nu.
Die Steuern sprudeln zurzeit prächtig,
man bedient sich deshalb kräftig.

Fremdes Geld ist leicht gegeben,
man kann es ja dem Wähler nehmen.
Mit Milliarden wird nun ausgebügelt,
weil niemand diese Banken zügelt.

Wird ein Boss vom Amt entbunden,
wird er kräftig abgefunden.
In vielen Fällen war der Lohn,
aus Wählersicht der reine Hohn.

Nach der Wahl muss man sich fragen,
ist das Ergebnis zu beklagen?
Oder kann man drauf verzichten,
wo es doch die Bosse richten?

Und es kommt, wie's kommen muss,
der Wähler fühlt sehr bald Verdruss.
Die Politik ist ihm egal,
er ignoriert die nächste Wahl.

23.04.2014

***

Unser Klima (Lima)

Wir zerstören unser Klima,
deshalb trifft man sich in Lima.
Hundertfünfundneunzig Staaten
wollen sich nun dort beraten.
Wie will man die Erde retten,
was passiert? Ich könnte wetten,
es geht so weiter wie bisher,
weil Einigkeit ist viel zu schwer.

Umkehr geht nur noch durch Zwang.
Die Wissenschaft weiß es schon lang:
Wer jetzt nicht an die Umwelt denkt,
uns in die Katastrophe lenkt!
Die Politik kapiert es nicht,
Ergebnisse sind nicht in Sicht.
Auch diese Klimakonferenz
wird bleiben ohne Konsequenz.

Will man es denn nicht verstehen?
Länder werden untergehen,
wenn der Wasserspiegel steigt
und der Wirtschaft niemand zeigt,
dass zerstört wird unsere Welt,
wenn man nicht langsam innehält,
nur noch nach Profit zu streben,
ohne Rücksicht auf das Leben.

Wieder gibt's der Reden viele
über anspruchsvolle Ziele.
Verbindlich sind sie jedoch nicht,
man setzt sich nur ins rechte Licht.
Beteiligt ist auf dieser Reise
manch Lobbyist auf seine Weise.
Man hat schon vorher festgelegt,
dass man sich besser nicht bewegt.

Die Delegierten reisen gerne
in schöne Städte in der Ferne.
Ob Bali, Cancún oder Lima,
immer ist der Rahmen prima.
Und am Ende kann man lesen:
Außer Spesen nichts gewesen.
Will man Besserung beweisen,
muss man doch nicht so weit reisen!

01.12.2014

Die 20. Klimakonferenz der Vereinten Nationen fand in der peruanischen Hauptstadt Lima vom 1. bis 12. Dezember 2014 statt.
Umweltschutzorganisationen und der WWF kritisierten die Ergebnisse der Konferenz. Besonders bemängelt wurde, dass keine konkreten Maßnahmen verabredet wurden, sondern lediglich freiwillige Emissionsziele der beteiligten Vertragsstaaten.

***

Die Lebensmittelindustrie

Die Lebensmittelindustrie
belügt Verbraucher wie noch nie.
Sie gibt sich selbst die besten Noten,
für alles, was so feilgeboten.

Doch verschweigt man allerhand
Gräueltaten in dem Land.
Tiere leben in der Masse,
wichtig ist nur noch die Kasse.

Es wird gemästet und gequält,
weil letztlich nur Profit noch zählt.
Rücksichtslos wird abgeschlachtet,
Tierschutz gar nicht mehr beachtet.

Auch wo es nicht um Tiere geht,
der Konsument im Abseits steht.
Selbst der Landbau ist verkommen,
zu viel Chemie wird dort genommen.

Im Supermarkt wird auch gelogen
und mit Verpackungen betrogen.
Die Päckchen groß, die Ware klein,
so legt man seine Kunden rein.

Die Manager von Einkaufsketten
würden natürlich darauf wetten,
dass nur die Industrie das macht,
weil dadurch noch mehr Umsatz lacht.

Bei Interviews in diesen Kreisen
hört man sie sich selber preisen.
Der Verbraucher sei das Ziel,
für ihn leiste man sehr viel.

Diese Worte sind Fassade,
das ist schade.

2015

***

Klima (Paris)

In Paris ging es bedingt voran,
und schon wieder war das Klima dran.
Versprechungen gab's wieder viele,
vereinbart wurden neue Ziele.
Doch um diese zu erreichen,
muss man hier und da auch streichen!

Ob das in Deutschland wirklich geht
und auch die Wirtschaft dazu steht?
Es sind auch Zweifel angebracht,
ob die Regierung da mitmacht.
Sie wird doch wohl die Wirtschaft schonen,
das kann sich für Minister lohnen.

Ich will die Ahnung nicht verhehlen:
Die Ziele werden wir verfehlen!

13.12.2015

Die UN-Klimakonferenz in Paris 2015 fand als 21. UN-Klimakonferenz und gleichzeitig 11. Treffen zum Kyoto-Protokoll vom 30. November bis 12. Dezember 2015 in Paris (Frankreich) statt.

***

Glyphosat und andere Umweltsünden

Ich weiß noch, dass am Wegesrand
ein bunter Blumenreigen stand.
Kornblumen blau und roter Mohn,
die sah man von weitem schon.

Der Bauer, der sie stehen ließ,
schuf ein Insektenparadies.
Die hatten ihren Lebensraum,
für Mensch und Tier war es ein Traum.

Bis ein paar Chemiegiganten
Chancen für Gewinn erkannten,
die - Monsanto vorneweg -
produzierten Umweltdreck.

Als Glyphosat ist er bekannt,
die Bauern sprühen ihn aufs Land.
Zuerst gingen die Blumen ein,
für Tiere wird's das Ende sein.

Auch Bayer witterte Profit,
kaufte Monsanto und macht mit
bei den großen Umweltsünden -
nur aus monetären Gründen.

Den Bossen ist der Mensch egal,
die Krankheit Krebs gib es nun mal.
Was Glyphosat den Menschen tut,
macht Bayer anders wieder gut.

Bayer verkauft viel Arznei,
auch gegen Krebs ist was dabei.
Soll ein Aktionär sich zieren?
Er kann doppelt profitieren!

30.05.2017

***

Trump und der Klimawandel

Beim Treffen neulich der G-Sieben,
wär' besser man zu Haus geblieben.
Der Präsident der USA
war auch für ein paar Tage da,
hatte wenig beizutragen
und verstand nicht alle Fragen.

Gerötet von der Sonnenbank,
auf der er wieder lag zu lang,
sah man es gleich an dem Gesicht,
die Sonne, die verträgt er nicht.
Die grauen Zellen trocknen ein,
das ließe er wohl besser sein.

Bei zu viel Sonne auf dem Haupt
wird einem der Verstand geraubt.
Mit diesem Hirn kann man nicht denken,
geschweige denn, die Staaten lenken.
Amis kann man nicht verstehen,
war die Wahl nur ein Versehen?

Den Klimawandel glaubt er nicht,
er sieht die Welt in andrem Licht.
Schuld sind daran die Chinesen,
hat er irgendwo gelesen.
Verträge, die nicht er geschlossen,
die kündigt er jetzt unverdrossen.

Was ist schon der Klimawandel
im Vergleich zum Waffenhandel?
Da werden Kriege exportiert,
auch wenn man hier und da verliert.
Das hilft der Rüstungsindustrie,
schafft neue Jobs wie vorher nie.

Die ganze Welt ist nun geschockt,
was hat man vorher nur verbockt?
Die USA hat man hofiert
und dabei leider nicht kapiert,
um nicht ständig zu verlieren
eigenständig zu agieren.

Mit Trump gibt's keine Allianz,
er ist geprägt von Ignoranz.
Geistig total abgehoben
hat die Werte er verschoben.
Europa ist nicht interessant,
es zählt nur noch das eigene Land.

Jeder, der davon betroffen,
kann doch nur noch darauf hoffen,
dass aus dem Amt man ihn verjagt
und weil korrupt, ihn auch verklagt.
Und dass Europa sich besinnt
und selbst die Politik bestimmt.

02.06.2017
***

Der Abgas-Skandal

Die deutsche Autoindustrie
hat beschissen wie noch nie!
Die Abgaswerte stimmen nicht,
Verbraucher führt man hinters Licht.
Die Wahrheit wurde lang versteckt,
die Politik hat es gedeckt.

Natürlich war das längst bekannt,
doch Deutschland ist ein „Auto-Land".
Ein wenig Trickserei darf sein,
kontrolliert wird nur zum Schein.
Gesundheit wird aufs Spiel gesetzt
und Gesetze werden verletzt.

Mancher wird wohl früher sterben,
weil Autos unsere Luft verderben.
Es geht nicht um Gerechtigkeit,
weil die Politiker bereit,
die Verursacher zu schonen.
Später könnte sich das lohnen.

Ein Vorstandsposten wäre
nach der Politikerkarriere
ein sehr erstrebenswertes Ziel.
Dafür tut man vorher viel.
Skrupel sind da nur im Wege.
Dafür gibt's genug Belege.

Herr Dobrindt ist da mittendrin,
er handelt ohne jeden Sinn.
Stellt sich vor die Autofirmen
und versucht sie abzuschirmen,
unterstützt sie beim Vertuschen.
Und sie können weiter pfuschen.

Schon seine Maut war ein Programm,
das man wohl kaum verstehen kann.
Der Bürger wird nicht lang gefragt,
es gilt auch nicht, was Merkel sagt.*
Letztlich muss der Bürger zahlen,
er erfährt es nach den Wahlen.

*Merkel vor der Wahl:
„Mit mir wird es keine PKW-Maut geben!"

3.8.2017

***

Die Hummel

Die Hummel, die nach Nahrung sucht,
mit Fug und Recht Chemie verflucht.
Überall gibt's Pestizide,
besser wär's, wenn man's vermiede.

Monsanto, Bayer und Konsorten
verbreiten davon viele Sorten.
Sie schädigen nur die Natur,
von Einsicht jedoch keine Spur.

Die Politik lässt leider zu,
dass Lobbyisten-Pack im Nu
die Ministerien besetzt
und mit der Wirtschaft gut vernetzt.

Konzerne wollen mehr Profit,
Politiker, die machen mit.
Dafür lässt man sich bestechen,
die Natur wird sich noch rächen.

Wenn Insekten ausgestorben
und das Gleichgewicht verdorben,
wird die Menschheit vielleicht sehen,
was durch Geldgier ist geschehen.

Das Geld, das auf den Konten ruht,
tut jetzt den Bossen vielleicht gut.
Wenn sie vor Hunger einst verrecken,
werden Scheine dann noch schmecken?

15.10.2017

***

Politik und Landwirtschaft

Die Politik und die Chemie
betrügen zurzeit wie noch nie.
Gutachten werden schnell verfasst,
damit es den Konzernen passt.

Frau Merkel bremst in der EU,
damit die Bosse geben Ruh'.
Der Wähler ist nicht relevant,
erst nach der Wahl wird das bekannt.

Es wird vernichtet jeder Traum
über gesunden Lebensraum,
denn die Regierung unterstützt,
was den Chemiekonzernen nützt.

Agrarminister handeln so,
dass auch die Lobbyisten froh.
So sorgt man bei den Produzenten
für sattes Zubrot bei den Renten.

Am Ende der Ministerzeit
steht für die Wirtschaft man bereit.
Will man Chancen generieren,
ist das Volk zu ignorieren.

Dann wird am Ende alles gut.
Interessiert des Wählers Wut?
Auf den kommt es nicht wirklich an,
man will nur an die Pfründe ran!

26.10.2017

***

Unser Klima (Lima – Paris - Bonn)

Wir zerstören unser Klima,
deshalb traf man sich in Lima.
Und das Ergebnis war sehr mau,
alle redeten nur schlau.

In Paris war es ganz ähnlich,
die Politiker zu dämlich,
ernsthaft Umkehr einzuleiten,
neue Wege zu beschreiten.

In Bonn verhandelt man erneut,
was die Politiker erfreut.
Angenehme Sitzungstage,
komfortabel, ohne Frage.

Wieder gibt's der Reden viele
über anspruchsvolle Ziele
Verbindlich sind sie jedoch nicht,
man setzt sich nur ins rechte Licht.

Die Politik kapiert es kaum,
Ergebnisse sind nur ein Traum.
Deutschland fördert weiter Kohle,
den Konzernen nur zum Wohle.

Gegen sie wird nicht entschieden,
das wird mit aller Macht vermieden.
Die Lobbyisten feiern sich,
das Volk findet das fürchterlich.

05.11.2017

Die UN-Klimakonferenz in Bonn 2017 fand als 23. UN-Klimakonferenz vom 6. bis 17. November 2017 am UN-Campus in Bonn statt. Den Vorsitz der Konferenz hatte zum ersten Mal der in Folge der globalen Erwärmung von ansteigenden Meeresspiegeln und zunehmenden Wetterextremen bedrohte und betroffene pazifische Inselstaat Fidschi.

Deutschland übernahm die Rolle des „technischen Ausrüsters" der Konferenz. Da sich auf dem Territorium des kleinen Staats der Fidschis die Teilnehmer nicht in so hoher Zahl versammeln konnten, wurde als Austragungsort der Sitz des UN-Klimasekretariats in Bonn gewählt.

***

Der Wolf

Der Wolf, auch Isegrim genannt,
ist unbeliebt im ganzen Land.
Er gehöre nicht hierher,
wüten manche Menschen sehr.

Begründet ist dies Urteil nicht,
denn dabei übertreibt man schlicht.
Was man den Tieren übelnimmt,
ist doch durch ihre Art bestimmt.

Um nicht zu hungern, jagen sie,
manchmal auch das liebe Vieh.
Doch was den Bauern nicht gefällt,
gibt es auf der ganzen Welt.

Überall kann man erleben,
dass wilde Tiere danach streben,
durch die Jagd sich zu ernähren.
Meistens lässt man sie gewähren.

Der Wolf ist zwar kein zahmes Tier,
doch war er früher auch schon hier.
Es ist falsch, ihn zu vertreiben,
besser wär's, er würde bleiben.

08.04.2018

***

Der Kabeljau

Der Kabeljau ist sehr begehrt,
und darum wird er oft verzehrt.
Weil der Mensch sich schlimm gebärdet,
alle Fische sind gefährdet.

Was wird uns wohl erst aufgetischt,
wenn die Meere leergefischt?
Schwimmt Müll und Plastik rum im Meer,
gibt es bald keine Fische mehr.

Sieht der Mensch das nicht schnell ein,
wirft weiter Müll ins Meer hinein,
wird die Menschheit untergehen.
Werden wir das je verstehen?

25.04.2018

***

Kühe

Nur selten kann man heut' noch sehen
dass Kühe auf der Weide stehen.
Viel lieber sperrt man sie in Ställe,
bequemer ist's, auf alle Fälle.

Eingepfercht auf engem Raum
bleibt die Weide nur ein Traum.
Den Kopf am Futtertrog fixiert,
das Tier Bewegungsraum verliert.

Die Milch um jeden Preis muss her,
der Bauer hat es deshalb schwer.
Die Melkmaschine muss es richten,
da muss aufs Tierwohl man verzichten.

Kuh will deshalb niemand sein.
Dann vielleicht doch lieber Schwein?
Ein Schwein wird jedoch auch gequält,
weil man es in der Masse hält.

30.04.2018

***

Krabben

Im Norden, schon seit alters her,
fischt man Krabben aus dem Meer.
Krabbensuppe, Krabbenplatte
man auf der Speisekarte hatte.

Gepult hat man in Heimarbeit,
so dass sie zum Verkauf bereit.
In Marokko pult man heute,
zu teuer waren die eigenen Leute.

Gefangen hat man immer viel,
großer Umsatz war das Ziel.
Bestände wurden reduziert,
hat das jemand interessiert?

Immer kleiner wird der Fang,
den Fischern wird nun angst und bang.
Es wird für sie besonders schwer,
denn oft sind ihre Netze leer.

Man möchte diese Leckerbissen
in Zukunft gar nicht gerne missen.
Sie werden jetzt zur Rarität,
doch kommt die Einsicht wohl zu spät.

01.05.2018

***

Der Eisbär

Der Eisbär sehr zu schätzen weiß,
die dicke Scholle, die aus Eis.
Auf diesem Eis gefällt's ihm sehr,
zufrieden schwimmt er so im Meer.

Doch das Idyll hat nicht Bestand.
Inzwischen liegt es auf der Hand:
Er überlebt das sicher nicht,
wenn immer mehr vom Eis wegbricht.

Bedroht ist dieser Lebensraum
und Hoffnung gibt es dafür kaum.
Langsam wird das Eis verschwinden,
wie wird das der Bär wohl finden?

Menschen, die das nicht begreifen,
auf den Klimawandel pfeifen,
immer nur nach Profit streben,
weiter südlich sicher leben.

03.05.2018

***

Ein Käfer und Frau Klöckner

Ein Käfer in der Sonne krabbelt,
vom Umweltschutz Frau Klöckner sabbelt.
Doch Glyphosat will sie erlauben
und Lebensraum für Käfer rauben.

Der Wirtschaft fühlt sie sich verpflichtet,
Entscheidungen sie danach richtet.
Der Wählerwille ist egal,
doch für die Umwelt ist's fatal!

06.05.2018

***

Der Biber

Der Biber baut in der Natur,
lässt manche Menschen staunen nur.
Mit Fleiß und großem Sachverstand,
baut der Biber allerhand.
Flüsse werden umgeleitet
und die Höhle ausgeweitet.
Auch Bäume werden umgelegt,
kaum etwas wird nicht bewegt.
Das alles in sehr kurzer Zeit,
der Biber ist allzeit bereit.
Das Ziel er stets vor Augen hält,
für ihn nur das Ergebnis zählt.

Der Mensch, der etwas bauen will,
sitzt zunächst sehr lange still,
betrachtet Pläne und Ideen,
wartet ab, man wird schon sehen.
Auch noch nach der Umwelt richten?
Darauf kann man mal verzichten!
Irgendwann will er beginnen,
die Kosten steigen wie von Sinnen.
Die Ideen, die einst entstanden,
bürokratisch oft versanden.
Beim Biber könnte man was lernen:
Beamte müsste man entfernen!

06.05.2018

Der Wal

Der Wal, das größte Säugetier,
sollte auch nicht fehlen hier.
Wer ihn in Freiheit hat gesehen,
der kann sicher nicht verstehen,
dass man viele Wale fängt
und die Folgen nicht bedenkt.

Man jagt ihn massenhaft zu Tode,
in Japan ist das große Mode.
Dem Wal geht's wie so manchem Tier,
auch er wird Opfer reiner Gier.
Forciert man seinen Untergang,
läuft auch der Menschen Abgesang.

12.05.2018

***

Unsere Regierung

Immer wenn ich daran denke,
wie wohl dieser ungelenke
Heiko Maas Minister wurde,
fällt mein Blick auf die absurde
Liste unserer Minister.
Ein erbärmliches Register!

Der Seehofer ist voll daneben,
er sollte schnell in Rente streben!
Oder etwa der Herr Spahn,
lebt wohl schon im „Kanzlerwahn"?
Äußert sich zu allen Fragen
ohne Wichtiges zu sagen.

Dann ist da auch noch der Herr Scholz,
der hat verkündet voller Stolz:
Der Haushalt ist jetzt ausgeglichen,
weil Soziales wird gestrichen.
Eine Null war Schäubles Wille,
Scholz schafft das in aller Stille.

Und Flinten-Uschi möchte gerne,
dass die Soldaten in der Ferne
der deutschen Waffenindustrie
Gewinne bringen wie noch nie.
Dafür bekommt sie noch mehr Geld,
kann führen Krieg in aller Welt.

Damit die Null am Ende steht,
ist es egal, wie sowas geht.
Infrastruktur zu bezahlen,
interessiert nur vor den Wahlen.
Scholz ist dadurch ohne Not
leider eine Null in Rot!

Frau Klöckner gehört auch dazu,
denn kaum im Amt, war sie im Nu
aktiv für die Pharmariesen,
wo sie schnellstens hat bewiesen,
auf welcher Seite sie nun steht.
Mit Glyphosat es weiter geht,
Gift darf in unser Essen rein,
dafür wird Bayer dankbar sein.

Die Kompetenz, das zu erlauben,
man mag es eigentlich nicht glauben,
hat ja bei uns die Kanzlerin.
Warum hat sie nicht längst im Sinn,
die Minister anzuhalten,
so die Arbeit zu gestalten,
dass sie dem Wähler auch gefällt?
Das ist es doch, was letztlich zählt!

Sonst hätten wir 'ne Diktatur,
dahin sind's ein paar Schritte nur!

18.07.2018

***

Adler

Im Bundestag hängt dieses Tier,
symbolisch diesem Haus zur Zier.
Der Adler in die Lüfte schwebt
und nicht nach hohen Ämtern strebt.

Er hat den besten Überblick
und keinen Wähler im Genick.
Der Adler blickt aufs Parlament,
in dem ein großer Teil oft pennt.

Nicht aufmerksam nur so zum Schein,
wach wie ein Adler hier zu sein,
kann das Land nach vorne bringen.
Kann das dem hohen Haus gelingen?

Die Adler blicken auf die Welt,
wenn sie die Thermik oben hält.
Auch Politik ist abgehoben,
doch nur die Adler sind zu loben.

19.07.2018

***

Trump und Nord Stream 2

Wer Trumps Interessen ignoriert
im Wirtschaftskampf sehr schnell verliert.
Ein Beispiel ist die Nord Stream 2,
auch Deutschland ist beim Bau dabei.

Sollte es Europa wagen,
etwa Trump nicht vorher fragen,
werden Sanktionen angedroht,
noch besser wäre ein Verbot.

Russland soll uns Erdgas schicken,
man sieht Trump sehr böse blicken.
Er will eigenes Gas verticken
und Europa soll nur nicken!

Dabei ist Fracking angesagt,
was in der ganzen Welt beklagt.
Für die Umwelt sehr fatal,
doch Amerika ist das egal.

Der Transport ist nicht geheuer,
sicher wird er extrem teuer.
Schweröl wird dabei verbraucht,
Dreck, der aus dem Schornstein raucht.

Was bildet dieser Kerl sich ein,
er redet in Europa 'rein?
Wäre es nicht angebracht,
zu verhindern, was Trump macht?

Europa muss zusammenstehen
und endlich eigene Wege gehen.
Die Schleimspur Trumps ist viel zu glatt,
als dass man darauf Freude hat.

24.10.2018

***

Jobbörse Politik

Wer einmal einen Posten hat,
hat ausgesorgt und wird auch satt.
Ständig muss man jetzt erleben,
wie sie an den Posten kleben.
Ob fähig oder eben nicht,
das fällt doch kaum noch ins Gewicht.

Auch ohne Qualifikation
gibt es Ministerposten schon.
Aktuell das Beispiel Scheuer,
der wohl gilt als lieb und teuer.
Sehr teuer für die Autofahrer,
für die Industrie Besitzstandswahrer!

Auch Flinten-Uschi ist zu nennen,
die will sich zum Krieg bekennen.
Die NATO-Staaten treibt sie an,
obwohl die Bundeswehr nichts kann.
Aus der Geschichte nichts gelernt,
deshalb gehört sie schnell entfernt!

Bei Frau Klöckner ist es ähnlich,
was sie tut, ist einfach dämlich.
Denn statt die Natur zu schützen,
will sie nur den Bauern nützen,
die weiter Glyphosat versprühen,
um die Natur sich nicht bemühen.

Herr Schmidt, der den Weg freigemacht,
sich bei der Bahn ins Fäustchen lacht.
Das Bayer-Gift macht Trassen frei,
da ist die Umwelt einerlei.
Und für Bayer macht er alles mit,
so ist er halt, der Christian Schmidt!

Auf Auslandsreisen hat viel Spaß
Außenminister Heiko Maas.
Was er sagt, ist nicht so wichtig.
Man bemerkt ihn auch nicht richtig,
weil überall auf dieser Welt
man ihn für kleingeraten hält.

Versager größter Dimension,
ich nehme an, Sie wissen schon:
Der Horst aus Bayern ist gemeint,
der Gier und Arroganz vereint,
und noch immer nicht versteht,
dass seine Zeit zu Ende geht.

Gemein ist allen diesen Posten,
dass sie uns Steuergelder kosten.
Ist vorbei dann ihre Zeit,
liegt das Ruhegeld bereit.
Dabei soll man nicht vergessen,
wie äußerst üppig es bemessen.

Nach Leistung wird hier nicht bezahlt,
es reicht schon, wenn man lauthals prahlt!
Man habe sich doch nicht geschont
und nicht bedacht, ob sich das lohnt.
Und sie erzählen hemmungslos,
es ginge ums Gemeinwohl bloß.

Nicht alle wurden aufgezählt,
so mancher Staatsschmarotzer fehlt!

13.11.2018

***

Spritpreise

Der Rohölpreis am Weltmarkt sinkt,
doch der Verbraucher wird gelinkt!
Pegelstände in den Flüssen
als Begründung helfen müssen
für steigende Verbraucherpreise.
Ist das eine Art und Weise?

Der Dieselbetrug ist ziemlich frisch,
schon sind neue Lügen auf dem Tisch!
Der Treibstoff wird jetzt richtig teuer,
das bringt mehr Mineralölsteuer.
Und ohne genau hinzusehen,
lässt die Regierung das geschehen.

Das Programm heißt Korruption,
und wen interessiert das schon?
Doch irgendwann ist es genug
mit den Lügen, dem Betrug!
Jetzt ist wohl die Zeit gekommen,
in der das nicht mehr hingenommen.

Das Volk wird auf die Straße gehen,
in Frankreich kann man es schon sehen!

25.11.2018

***

Lebensmittel und Umwelt

Gemüse in der Plastikhülle
und auf den Feldern zu viel Gülle.
So schadet man der Nahrungskette,
dabei mach' ich jede Wette:
Um den Verbraucher geht es nicht,
man ist nur auf Gewinn erpicht.

Hier will ich auch mal Namen nennen:
Bei REWE kann man gut erkennen,
wie man auf Plastik nicht verzichtet
und nur die Werbung danach richtet.
Lose soll Gemüse sein,
und in Plastik packt man's ein?

Sehr Doppelzüngig ist das wohl,
die Werbesprüche sind nur hohl.
Man sollte solche Läden meiden,
die Umwelt kann sie auch nicht leiden.
Belastet wird sie dadurch sehr,
für die Zukunft wird es schwer!

Gurken in Plastik eingehüllt,
so wird die Umwelt zugemüllt.
Auch der Kunde ist gefragt,
indem er REWE einmal sagt:
„Verzichtet auf den Umweltdreck,
lasst die Plastikhüllen weg!"

Man kann es doch auch anders richten
und auf Verpackungsmüll verzichten!
Gurken, Möhren, Paprika
lägen ohne Plastik da.
Der Kunde würde doch kaum leiden,
würde man den Müll vermeiden!

25.02.2019

***

Flaschen

Wer nicht genug zum Leben hat,
wird meistens auch nicht richtig satt.
Man sucht dann Flaschen unverzagt,
nur weil die Politik versagt.
Fürs Leergut gibt es etwas Geld,
das einen über Wasser hält.

Ein Sozialstaat ist das nicht,
er zeigt ein anderes Gesicht!
Für Waffen wird das Geld verschwendet,
dabei das Wählervolk geblendet.
Durch Flaschen auf Ministerposten,
die doch nur Steuergelder kosten.

06.03.2019

***

Scheuer und die Schüler-Demos

Was Scheuer wieder losgelassen,
das ist doch wirklich nicht zu fassen!
Hat er die Schule selbst versäumt,
nur vom Ministeramt geträumt?

Die Schule soll fürs Leben lehren
und Schüler sich durchaus auch wehren,
wenn Politiker versagen
und nicht nach der Zukunft fragen.

Dass Schüler auf die Straße gehen,
Scheuer kann es nicht verstehen.
Er hängt am Tropf der Industrie,
und an die Zukunft denkt er nie.

Die Schüler haben mehr Verstand
als Scheuer aus dem Bayernland!

07.03.2019

Andreas Scheuer, der Minister, der Verkehrspolitik vor allem als Autopolitik versteht, der die Konzerne weiter gewähren lässt und gegen Grenzwerte wettert, die er noch höher setzen möchte, kanzelt die streikenden Schüler als Schulschwänzer ab, die man nicht brauche.

***

Flugzeugträger

Ein Flugzeugträger muss jetzt her,
das zu glauben, fällt mir schwer.
Gibt es keine anderen Sorgen,
denkt die Regierung nicht an morgen?
Hat man noch immer nicht verstanden,
dass wir im 3. Weltkrieg landen,
wenn wir immer weiter rüsten
und uns mit Waffentechnik brüsten?

Was deutsche Waffen in der Welt
bisher so alles angestellt,
sollte doch nun wirklich reichen.
Wir bringen Elend ohnegleichen,
weil die Waffenlobby Hand in Hand
sich mit der Regierung schnell verband.
Merkel, von der Leyen und Konsorten
sollten sich mal schnellstens neu verorten.

Waffen schaffen keinen Frieden,
man setzt sie ein, grad nach Belieben.
Die NATO unter Stoltenberg
wird vollenden dieses Werk.
Die Kriegsmaschine läuft schon heiß,
dabei doch heute jeder weiß:
Niemand wird es überleben,
wenn sie weiter Krieg anstreben.

Die Gedanken übers Klima
waren sicher bisher prima.
Ebenso wichtig dürfte sein:
Stellt endlich diese Rüstung ein.
Warum sich noch ums Klima kümmern,
wenn der Planet schon bald in Trümmern?
Und die NATO kriegt das hin,
sie rüstet weiter ohne Sinn!

17.03.2019

***

Fridays for Future

Der Dicke aus dem Saarland spricht,
doch wirklich Ahnung hat er nicht.
Selbst hat er keine Zukunft mehr,
da fällt ihm wohl die Einsicht schwer,
dass die Jugend aufbegehrt
und sich über das beschwert,
was Politik so angestellt
und unter Umweltsünden fällt.

Auch Lindner faselt inhaltsleer,
bedauert allen Ernstes sehr,
dass Schüler auf die Straße gehen,
weil sie auf ihre Zukunft sehen.
Man soll das Profis überlassen?
Der hat im Schrank nicht alle Tassen!
Ich versteh' der Schüler Wut,
ihre Demos machen Mut.

Die Schüler sollen besser lernen,
als sich der Schule zu entfernen?
Doch weiß inzwischen jedes Kind:
In Schulen, die marode sind,
wo auch noch die Lehrer fehlen,
soll man sich zum ABI quälen?
Jetzt steht die Jugend endlich auf,
doch Politik, die hört nicht drauf.

Die Politik wird doch geschmiert,
damit sie Klima ignoriert!
Soll unsre Jugend ruhig bleiben,
so wie Politiker es treiben?
Es wird nicht mehr so hingenommen,
dass die Moral total verkommen.
Die, die nur der Wirtschaft dienen,
gehört die Zukunft etwa ihnen?

Was man alles angerichtet,
hat man auf dem Meer gesichtet:
Plastikberge ohne Ende,,
Politik kennt keine Wende.
Und verantwortlich sind Leute,
die gedanklich nur im Heute,
und die allzu häufig lügen,
um die Jugend zu betrügen.

18.03.2019

***

Lobbyismus für die Jugend?

Bei Umwelt, Klima und Zukunft,
fehlt den Politikern Vernunft.
Wenn sie was allein entscheiden,
kann die Wirtschaft das nicht leiden.

Lobbyisten werden eingesetzt
und mit Ministern gut vernetzt.
Und die Minister folgen gern,
denn ihre Zukunft ist nicht fern.

Der Wählerwille hier nicht zählt,
schließlich geht es um viel Geld.
Angesagt ist Wohlverhalten,
um Kontakte zu erhalten.

Die Zukunft sichern heißt es nun,
und was ist dafür wohl zu tun?
Doch es ist anders als es scheint,
die eigene Zukunft ist gemeint.

Wenn die Karriere dann zu Ende,
kommt die lukrative Wende.
Es warten hochbezahlte Posten,
das darf die Moral auch kosten.

Die Politik vergisst sie nie,
die Freunde in der Industrie.
Ob Chemie, Kohle und Verkehr,
die Umwelt kommt erst hinterher.

Die Jugend ist da nicht im Blick,
und wenn, ist es ein übler Trick.
Lobbyismus für die Jugend
wäre eine bessre Tugend.

Doch deren Zukunft ist so fern,
das vergisst die Politik sehr gern.
Warum die Umwelt jetzt bewahren,
die Wirkung kommt doch erst in Jahren?

Warum sollten wir erstreben,
was wir selbst nicht mehr erleben?
Wenn ein Politiker so denkt,
ist sein Verstand doch sehr beschränkt.

Nur Arbeitsplätze scheinen wichtig?
Dieser Standpunkt ist nicht richtig.
Denn wo bitte gibt's 'nen Job,
nach dem totalen Umwelt - Flop?

Man zweifelt an, was doch bekannt:
Umweltdreck im ganzen Land.
Verpestet wird die Atmosphäre,
und steuerfrei sind Profiteure.

Was helfen könnte, wird verdrängt,
weil alles an der Wirtschaft hängt.
Politikern fehlt es an Mut,
dem Klima geht's deshalb nicht gut.

Was Politiker zurzeit verpennen,
wird man schon sehr bald erkennen.
Und das Ergebnis wird fatal,
am Ende heißt es allemal:

Nur um die eigene Zukunft kümmern
und die der Jugend liegt in Trümmern.
Die Politik will nicht begreifen,
dass durch Frust Aktionen reifen.

Greta aus Schweden hat's geschafft,
dass nun die Jugend sich aufrafft.
Doch es wird gar nicht gern gesehen,
dass Schüler auf die Straße gehen
und Politiker belehren:
„Gegen Euch muss man sich wehren!"
Politiker zur Einsicht zwingen?
„Fridays for Future" kann's gelingen!

24.03.2019

***

Die GroKo und die Zukunft

Vizekanzler Olaf Scholz,
der geschnitzt aus sprödem Holz,
setzt stur fort die Schäuble-Welle
und spart an der falschen Stelle.
Er muss den Etat verwalten
und die Übersicht behalten.
Die Reichen sollen profitieren,
da kann die Unterschicht verlieren.

Der Wehretat wird aufgestockt,
von der Leyen hat's verbockt.
Überall ist sie präsent,
man sie Flinten-Uschi nennt.
Sie schickt Soldaten in die Welt,
da braucht die Bundeswehr mehr Geld.
Im Ausland Kriege anzuheizen
scheint Flinten-Uschi sehr zu reizen.

Geplant war nur Verteidigung,
jetzt geht es um Bereicherung.
Für Berater interessant,
man regt sich auf im ganzen Land.
Ein Flugzeugträger muss nun sein,
das haut in die Finanzen rein.
Es wird ein Fall wie die „Gorch Fock",
geschossen wird der nächste Bock.

Das Geld wär' besser anzulegen,
Struktur und Umwelt mehr zu pflegen.
Ungerechtes auszugleichen
und nicht alles für die Reichen!
Klimaziele aus den Augen,
weil sie nicht der Wirtschaft taugen?
Warum Schuletats ergänzen,
wenn die Schüler freitags schwänzen?

Altmaier aus dem Saarland nun,
hat auch nichts Besseres zu tun,
für die Wirtschaft einzutreten
und den Schülern vorzubeten,
sie sollten in die Schule gehen.
Er würd' schon auf die Umwelt sehen.
Wenn es oft an Bildung fehlt,
auch der Minister dazu zählt!

Scheuer als Verkehrsminister,
eine Fehlbesetzung ist er.
Er will die Autofirmen schonen,
für ihn wird sich das sicher lohnen.
Die Industrie wird's honorieren,
und er wird sich nicht lange zieren.
Schlimmer als Dobrindt geht es nicht?
Da fühlt sich Scheuer in der Pflicht!

Auch Spahn folgt gern der Industrie,
begreift es offensichtlich nie:
Er soll die Kranken unterstützen
und nicht den Pharmariesen nützen.
Er äußert sich zu vielen Sachen,
anstatt gut seinen Job zu machen.
Kanzler wäre er wohl gerne,
doch das liegt in weiter Ferne.

Klöckner ist vom Wein benommen,
ihre Moral total verkommen.
Es ist wirklich unerhört,
wie sie die Umwelt jetzt zerstört.
Die Zukunft ist ihr wohl egal,
der Umweltschutz nicht erste Wahl.
Es geht um die Chemiekonzerne,
auf deren Bosse hört sie gerne.

Frau Schulze widerspricht ihr zwar,
doch leider das nicht alles war.
An Tempolimit glaubt sie nicht,
und da verliert sie ihr Gesicht.
In der Abgasdiskussion
hörte man sehr lange schon,
dass Tempolimits etwas bringen.
Die Einsicht will ihr nicht gelingen.

Das wird Scheuer sehr gefallen,
dem Auto-Industrie-Vasallen.
Die EU will Werte senken
und den Ausstoß mehr beschränken.
Doch die Industrie sagt nein
und redet der Regierung rein.
Wer Autos baut, der hat die Macht,
der Wähler wird hier nicht bedacht.

Und die Moral dieser Geschichten:
Das Kabinett regiert mitnichten.
Die Konzerne haben das Sagen,
Minister dürfen höchstens fragen.
Ob's der Zukunft hilft, bleibt offen,
die Bosse sind ja nicht betroffen.
Man sollte auf die Jugend hören,
statt deren Zukunft zu zerstören!

28.03.2019

***

Über den Umgang mit der Erde

Es könnte sich auf Dauer lohnen,
die Erde etwas mehr zu schonen.
So wie wir derzeit uns verhalten,
lässt sich die Zukunft nicht gestalten.

Was die Wirtschaft zurzeit treibt,
und sich Ressourcen einverleibt,
wird der Erde nicht bekommen,
doch es wird so hingenommen!

Die Politik versagt total:
Sie verspricht viel vor der Wahl,
doch die meisten Wirtschaftsbosse
sehen die Wahl wohl nur als Posse.

Inzwischen ist allseits bekannt,
von wem regiert wird dieses Land.
Was Lobbyisten ihnen flüstern,
kommt gut an bei den Ministern.

Unsere Enkel werden erleben,
wonach Politiker heut' streben:
Der eigene Vorteil ist nur wichtig,
die Umwelt interessiert nicht richtig.

Die Erde muss darunter leiden,
doch das könnte man vermeiden.
Man müsste nur der Jugend glauben
und ihr nicht die Zukunft rauben!

06.04.2019

***

Neue Minister?

Kann man als Satire ansehen, muss man aber nicht:

Hier kommt ein Vorschlag, wie man die Politik ehrlicher und deutlich preiswerter gestalten könnte.

1. Wahlen werden abgeschafft.
2. Der Bundestag wird abgeschafft.
3. Die Ministerposten werden direkt durch die Wirtschaft und deren Verbände besetzt

Vorteil: Einsparungen in Milliardenhöhe!
Durch Umsetzung auch in den Ländern würden sich die Einsparungen vervielfachen.
Wer nun einwendet, das Ergebnis sei ja wohl eine Wirtschaftsdiktatur, dem sei entgegnet:

Und was haben wir jetzt?

Ministerium, derzeitige "Besetzung"	Zukünftige Minister werden "entsendet" durch:
Bundesminister der Finanzen: Olaf Scholz	**Bundesverband deutscher Banken (BdB)** *VBV Verbraucherschutz Banken und Versicherungen e.V. wird nicht gefragt, es geht schließlich nicht um die Interessen der Bankkunden*
Bundesminister des Innern, für Bau und Heimat: Horst Seehofer	**Hauptverband der Deutschen Bauindustrie** *Deutscher Mieterbund e.V. wird nicht gefragt, es geht schließlich nicht um die Interessen der Mieter* **BDSW BUNDESVERBAND DER SICHERHEITSWIRTSCHAFT**
Bundesminister des Auswärtigen: Heiko Maas, MdB	**Deutscher Tourismusverband e.V. :-)**
Bundesminister für Wirtschaft und Energie: Peter Altmaier, MdB	**Bundesverband der Deutschen Industrie e.V.** **BDEW Bundesverband der Energie- und Wasserwirtschaft e.V.** **Bundesverband mittelständische Wirtschaft – Deutschlands e. V.** **Deutsches Atomforum**
Bundesministerin der Justiz und für Verbraucherschutz: Dr. Katarina Barley, MdB	**Verbraucherzentrale Bundesverband e.V.** **Berufsvertretungen der Richter und Anwälte**
Bundesminister für Arbeit und Soziales: Hubertus Heil, MdB	**Gewerkschaften**

Bundesministerin der Verteidigung: Dr. Ursula von der Leyen, MdB	Bundesverband der Deutschen Sicherheits- und Verteidigungs-industrie e.V. - *BDSV ist ein Wirtschaftsverband, der Interessen deutscher Unternehmen der Rüstungsindustrie vertritt.*
Bundesministerin für Ernährung und Landwirtschaft: Julia Klöckner	Deutscher Bauernverband **BVDF - Bundesverband der Deutschen Fleischwarenindustrie e.V.**
Bundesministerin für Familie, Senioren, Frauen und Jugend: Dr. Franziska Giffey	Deutscher Familienverband e.V.
Bundesminister für Gesundheit: Jens Spahn, MdB	Bundesverband der Pharmazeutischen Industrie e.V. (BPI)
Bundesminister für Verkehr und digitale Infrastruktur: Andreas Scheuer, MdB	Verband der Automobilindustrie *ADAC wird nicht gefragt, es geht schließlich nicht um die Interessen der Autofahrer*
Bundesministerin für Umwelt, Naturschutz und nukleare Sicherheit: Svenja Schulze	BDEW Bundesverband der Energie- und Wasserwirtschaft e.V Deutsches Atomforum *Verbraucherverbände werden nicht gefragt, es geht schließlich nicht um die Interessen der Verbraucher*
Bundesministerin für Bildung und Forschung: Anja Karliczek, MdB	Bundesverband für Bildung Wissenschaft und Forschung e.V.
Bundesminister für wirtschaftliche Zusammenarbeit und Entwicklung: Dr. Gerd Müller, MdB	Verband Entwicklungspolitik und Humanitäre Hilfe deutscher Nichtregierungsorganisationen (VENRO)

Vernünftige Einsicht zu haben, ist die größte Tugend, und Weisheit ist es, Wahres zu reden und gemäß der Natur zu handeln, indem man auf sie hört.

Heraklit, griechischer Philosoph